Un extraño pájaro de ala azul

Marcial Gala

Un extraño pájaro de ala azul

bokeh ✳

© Marcial Gala, 2017

© Fotografía de cubierta: W Pérez Cino, 2017

© Bokeh, 2017

Leiden, NEDERLAND
www.bokehpress.com

ISBN 978-94-91515-75-0

Esta mañana el médico me diagnosticó
una psicosis disfuncional de tipo periférico.
Yo no entendí mucho, soy
un poco lerdo para esas cuestiones
pero supe que a partir de hoy
las rosas tendrían otro aroma para mí,
el aroma del loco,
y hasta mi mujer
                    sería otra,
la mujer del loco.
Esta mañana me volví loco,
a partir de hoy mi madre ya no es mi madre,
es la madre del loco.
Tengo que ir a decírselo.
Mamá, le diré,
todo ha cambiado,
eres ahora la madre del loco.
También ha cambiado el país,
Cuba es ahora el país del loco.
Qué diferente suena,
que cúmulo de infinitas posibilidades,
                              decir:
Vivo en el país del loco,
me domicilio en ciudad Esquizofrenia,
calle psicosis entre orate y demencia,
el número se lo debo,
toque cualquier puerta.

Si eres un loco
tienes asegurado
un añejo bajel de velas púrpuras
–me gusta imaginar que subes
y sobre la cubierta te esfuerzas
en ser uno de nosotros.
Para los locos siempre hay un pasillo
con ventanas que dan al fondo de la noche.
Al otro lado de una de esas ventanas
                              estás parado tú,
mirando apagarse el cielo de Cuba,
la transformación de la noche
en un planeta para dementes y dioses.
Si eres un loco
gozas de un sitio en el infierno de los otros locos.
Ya puedes rasgar tus vestiduras
y permitir que te arrolle
uno de esos ómnibus Girón
que dejan cuando pasa
sólo el humo de su fracaso
                              y nada más.

El día de mi boda yo vendía detergente,
a 0.50 CUC el paquete, recuerdo.
No era un mal precio,
Ganaba yo y los demás también ganaban.
Era una clara tarde de febrero,
mi mujer se veía hermosa con su frágil vestido estampado,
y con el detergente compramos vino
e hicimos el amor con la eficacia
del que se sabe joven y cree que en el futuro
no tendrá que andar con una mochila
                              vendiendo detergente.

El día en que publiqué mi primer libro
                              yo vendía detergente.
Era ilegal vender detergente, recuerdo,
a 0.55 CUC el paquete,
ganaba yo y los demás ya no ganaban tanto.
Cuando nació mi primera hija,
yo vendía detergente,
a 0.65 CUC el paquete.
No era un mal precio
pero había que moverse.
Hasta Arrietes iba yo vendiendo detergente,
a veces llevaba conmigo a mi primer libro:
me gustaba el gato de la portada
aunque me hacía sentir raro.
Luego tuve mi segunda hija

Publiqué mi sexto libro
y por desgracia ya no vendo detergente:
ahora vendo discos compactos,
mucho más difícil salir de ellos.
Me he pasado la vida vendiendo cosas,
sin vocación,
sin amor por lo que vendo.
Sólo espero que el día de mi muerte
yo no esté vendiendo algo
o si es así que sea
uno de aquellos paquetes de detergente
que tan buena acogida tenían.

Ayer murió Virgilio Piñera
pero apenas salió en el periódico
porque también ayer comenzó el bombardeo de focas muertas,
primero de una en una,
luego tantas que apenas se lograba ver el sol
entre las nubes y nubes de focas que caían.
Trabajo nos costó comprender que era el homenaje de las
    focas al poeta,
se subían a los altos picachos y de allí se despeñaban
chillando aquello que en su desatino consideraban canto.
Las focas morían por Virgilio
y había carne en todos los hogares cubanos.

¿Qué hacer, nos preguntamos, ahora que hasta las focas
    entienden al poeta?
Seguir su ejemplo,
subir hasta las cumbres del Everest, despeñarnos.

Déjame un sitio en el automóvil
                              de la esperanza,
Quiero girar el volante
como cuando era un niño
y en el jeep de mi padre
jugaba a que conocía el universo.
Aún juego a que conozco el universo
pero no en el jeep de mi padre,
ahora en los bancos del prado
giro el timón y aprieto los controles
para que la nave remonte el vuelo
y entonces mirar a Cuba desde arriba
desde los gorriones.

Al volver habrás muerto
de esa muerte leve de los gorriones,
que apenas se deja pronunciar
porque no es una muerte en serio
sino una manera de quedarse callado.
Esperarás entonces que nieve
y al asomarte a la puerta
oirás el rumor de tu propio entierro:

¿No lo sabías?
Ayer murió el último cubano,
una fiebre alta lo condujo a la tumba
nevaba tanto como en aquel conocido entierro de Mozart
o en el de Edgar Allan Poe, no menos célebre.
Por eso no fue casi gente:
ese rumor que escuchas es el de los gorriones
que lloran por el último cubano.

Querrás decir algo entonces,
querrás decir aquí estoy
¿pero para qué?
Si en Itabo Matanzas nieva ya para dentro
                            para el sueño.

Me voy a sentar en las piernas de la reina Isabel,
ese lugar tan conspicuo
donde ya estuvieron Madonna, los Beatles,
y algunos dicen que Michael Jackson
y desde ese trono de fábula gritaré:
Mamá he triunfado,
el orbe se me ha abierto
como sólo se le abre
a los habitantes de las naciones felices.
Yo, único cubano en sentarse en las piernas de Isabel de
    Inglaterra,
puedo decir que el mundo me pertenece
y de cierta forma ahora también es tuyo,
ya puedes dejar de extasiarte con la novela brasileña
                        y otras expresiones del fracaso.

Ven madre a orillas del Támesis
y asómate a la verja de Buckingham
para que veas a tu hijo todo un jinete
sobre las piernas de la heredera de los Estuardo.

¿Quieres ser un tipo leve?
¿Quieres tener vuelo en el alma?

Ven entonces conmigo
a ver las muchachas desnudándose
en la frágil seguridad de sus cuartos.
Ven a hacerlas nuestras con la mirada,
única certeza a la que tipos como tú y yo
                                  tendremos acceso.

Si un segundo antes de morir de inanición
            a Vallejo le hubieran dado el Nobel
                        todo sería distinto.
Vallejo premio Nobel diría en los libros de historia,
y de seguro a Van Gogh la vida le hubiera reservado algo
    agradable
justo antes de que se cortara la oreja
justo antes que se perdiera en ajenjo de tanto ser olvidado:
quizás algún marchant compraría alguna de sus obras,
o alguna muchacha de las que pasean por las orillas del Sena
se hubiera detenido un segundo a admirar su cara de ator-
    mentado,
            de bueno para nada,
todo eso para garantizar el futuro premio Nobel de Vallejo.
Porque si Vallejo fuera premio Nobel
se podría meditar con más calma,
ya no fuera tan precisa la convicción
                de que la vida es una mierda.
Siendo Vallejo premio Nobel
tú y yo también seríamos un poco premio Nobel
aunque no nos postularan,
aunque nadie diga se merece un Nobel:
un país de premios nobeles,
un país de bebedores de ajenjo y desorejados.
Vamos a cantarle una nana a la noche,
vamos a cantarla junto a Van Gogh y Vallejo
y los que nunca jamás seremos premios nobeles,

ni de contra:
porque para ser premio Nobel
no basta con morir en París con aguacero.

Ella se definía a sí misma como una libélula
y eso le permitía adentrarse en juegos
de los que hablaba con sonrisa indulgente.
Fragancia de noches amuebladas
por los dientes de una mujer
que pretende ser un insecto de alas transparentes,
música de esas horas cuando la libélula y yo
descubríamos que el mar tiene una secreta utilidad
que no todos comparten.

¿Dónde estás libélula
ahora que de la noche
sólo queda la tremenda, insobornable fragancia?
¿También te has ido
a los instantes sin márgenes
a descubrir secretos que ya nunca podrás contar?
Tú, que eras ligera como ese insecto maravilloso
y parecías estar para siempre allí
en el ámbar de mis recuerdos.

Me concentro,
pero no logro verte.
eras ligera como la libélula
y como ella, flotabas
en el aire de oro para siempre.

Se van:
los licenciados,
los limpiabotas,
los agrimensores,
los tenedores de libros,
los pájaros de cuenta,
los chicos listos,
los panaderos,
los dueños de motores con sidecar,
los proyeccionistas de 35 milímetros,
los licántropos.
Uno los ve doblar por una esquina y luego
no los ve más, pero también se van:
los linotipistas,
los voyeurs,
los marineros,
los ex presidentes del poder popular,
los hoy por hoy líderes en average de la serie nacional de béisbol,
los cantantes de opera,
los no me alcanza el sueldo,
los asesinos en serie,
los poetas,
los «es un dechado de virtudes»,
los ebrios,
los invertidos,
los obreros destacados,
los «por qué no te dejas el pelo largo»,

los especialistas en informática,
los lectores de Salinger,
los lectores de Corín Tellado,
los lectores de Vallejo,
los admiradores del mariscal de Ayacucho,
los que creen en los marcianos,
los que creen en Superman.
Pero también se van las buenas muchachas,
las que «parten como la que más»,
las quemás,
las ¿hasta cuando?
las ¿hasta dónde?
las «sí yo te contara»,
las que reciben ayuda del exterior,
las que reciben citaciones del DTI,
las que cantan en si bemol,
las que terminaron estudios secundarios,
las calientes,
las simpáticas,
las no me acuerdo la última vez que estuve con un hombre,
las «yo me voy porque me tienen la vida hecha un yogurt
    de soya»,
las que hacen la vida un yogurt,
las pálidas,
las tiesas,
las rubicundas,
las prietas,
las «ella no es mala en la cama»,
las cimarronas,
las «desde que falleció el marido ella ha dado un cambio»,
las «me llegó el bombo»,

las alquimistas,
las aristócratas,
las deshuesadas,
las de huesos gordos,
las «ella siempre fue un poco rara»,
las «compañeros en el día de hoy»,
las «compañeros en el marco de esta reunión»,
las poetisas,
las buenas hijas,
las hijas regulares,
las ella es un barco–.

Todas y todos se van muriendo.

Mar de sargazos

Te pararás frente a la puerta
                              de la noche
Para decir: yo soy el último cubano
¿Y los otros?
preguntará el murmullo de las alas de los ángeles.
No sé, dirás, vino la nada y arrambló con ellos
–dormía cuando pasó
por eso no estoy muy seguro.
Luego la isla se hundió en el mar
y desconozco si vivo o muero,
no estoy aquí para quedarme
comparecí a aclararme las ideas.
Si vives o mueres no lo sabe nadie,
respondieron los ángeles con el susurro de sus alas
y el cubano se tornó humo en la memoria
                              de Dios
y con él el último recuerdo de la isla.
Donde quedaba Cuba
florece ahora un mar de sargazos.

Creyéndome el dueño de la noche,
sintiéndome capaz de horadar la piedra,
y descubrir sus secretos más íntimos,
en fin revelándome un émulo de Miguel Ángel,
continuador de Einstein,
refundador de las Américas,
conocedor de Dios
y de la indestructible serenidad de sus arcángeles,
de la maravilla,
de la suma de huesos rotos
durante dos guerras mundiales.
Sabiendo, al fin,
la cantidad de dinero que cuesta ser pobre.
Oyendo: el canto de la penúltima ballena
no mucho antes de que el sol se apague para siempre,
el silencio infinito de las siderales esferas,
el secreto nombre que logra trazar
el vuelo de un moscardón
antes de perderse en la llama,
y todo eso porque fui dueño de tu desnudez
                                        durante un rato.

Los días cinco de cada mes
Cuando llego a casa con mis escasos 300 pesos
Mis hijas me miran con la devoción
Que en otras culturas reservan a los dioses
Y durante un segundo puedo sentir
que formo parte de esos seres felices,
                                    los normales.

No perdamos tiempo en desnudarnos,
Mira que el otro puede llegar
Y entonces preguntará
Con profundos ojos de inocente
Por qué empezaron sin mí.

No perdamos tiempo,
Dame tu dulce saliva,
Deja que te llame paloma
Como antaño
Si es que así te llamé antes,
Si no, déjame decírtelo por primera vez,
Que el mundo puede acabarse
Y tú y yo podemos terminar
Únicos representantes de la humanidad
Subidos en los hielos del Ártico
Desangrándonos uno al otro
¿Amándonos?

A Juan Francisco Pulido, que en gloria esté

Ya no te tienes que ir,
ya puedes esperarnos en el muelle:
el mar estaba seco
pero el agua vuelve ahora.
Espéranos,
iré a buscar a Krister, a Arturo,
espéranos.
Ya no es necesario que huyas,
raíz a raíz hemos rehecho
el parque que solías llenar con tus pasos
para cuando vuelvas del mar
te sientes con nosotros
y ser fantasma pierda su condición infalible,
ser fantasma sea otra de tus bromas
de tus juegos.
Ya no tienes que poner el muerto,
ahora el cadáver lo pondrán otros,
las aves,
ellas te perdonarán tu condición de poeta:
morirán por ti,
lo decidieron.
¿No oyes el silencio en los parques?
¿La falta de vuelo en el mundo?
Morirán para que nos esperes en el muelle
con tu Joaquín Sabina

y tu garbo de poeta que nació condenado.
Y cuando abran tu ataúd
lo encontraran lleno de peces
y de nubes.

Ven Bonnie y trae a Clide,
aunque tal vez sea mejor dejarlo al otro lado de la puerta
mientras tú y yo nos besamos.
No estés afligida, a nosotros también nos mintieron.
Si puedes deja afuera el Colt,
ven a mí desnuda
como naciste.
Pero si puedes, Bonnie, loco personaje de Hollywood,
tráete tu gorra ladeada y mírame a los ojos,
di después:
yo soy una princesa y ametrallaron mi cuerpo.
Dilo para que yo diga:
soy un hombre y ametrallaron mi alma.

Porque aún nos queda la posibilidad de leer a Oneti, cosa que ciertamente es una manera de mentirnos a nosotros mismos y decirnos vivir vale la pena y no es tan duro que ya no estés porque de alguna forma yo podría saltar ese muro que nos separa y correr el riesgo de que vuelvas a mirarme como suelen hacerlo las bellezas de Broadway y me condenes a seguir siendo un camello abandonado entre los hielos de tu soledad.

Paz patria mía
para los que reconocieron no amarte
y fueron castigados a palos.
Paz para los que alegaron amarte
y evitaron los palos.
Paz para los que por amor a ti
                         dieron los palos.
Paz para los que sabían
que la noche era demasiado larga
y era necesario un pájaro de ala azul
                         para cruzarla
y mataron luego al pájaro.
Paz para todos ellos,
que sus destinos sean el tuyo,
que reposen en tu seno por siempre
                         mientras te hundes.

Veíamos la cara de Alejo Carpentier,
las mejillas de tortuga milenaria,
los ojos hundidos de quien nació vetusto,
la boca que balbuceaba sandeces refinadas
                              en un francés gutural.
Veíamos el traje de funerario en día de asueto
y aquellas manos que como fantasmas neurasténicos
                              No podían estarse quietas
y nos juramos a nosotros mismos
que nunca jamás seríamos como él.
Seríamos los felices,
los normales.
Ahora todo pasó
y somos peores que Alejo Carpentier
más gordos que Lezama
más flacos que Virgilio,
más tristes que el más triste de ellos.

Sin fama ni talento,
sólo algas aferradas al casco de una nave
                              que se hunde.

En las tardes cuando llueve
se sientan los poetas en la glorieta del parque
a leerse los unos a los otros.
Ella siempre llega tarde,
lo que es decir, llega mojada.
Yo no soy poeta,
es decir, no me siento en la glorieta
porque me interese la poesía,
sino para verla llegar
sacudirse las gotas en el pelo
y decir *buenas*
de una manera que yo asumo es para mí
pero no respondo
porque por lo general ya estoy borracho.
Sencillamente la miro
aunque más que a sus ojos
contemplo sus pies nerviosos:
largos como renacuajos
no parecen caber en las frágiles sandalias,
con gusto me robara una de esas sandalias de merolico
y me masturbaría después
pensando en sus manos plácidas,
manos de poeta que recorren una tras otras las hojas
de eso que ellos, los poetas,
llaman cuaderno.
Cuando al fin, uno de los otros,
alguien de espejuelos

y ceño fruncido quizás, asiente,
ella empieza a leer.
Mentiría si afirmo que entiendo lo que lee,
mentiría si afirmo que el caer de la lluvia
disminuye para escucharla;
en resumen, no pasa nada cuando ella lee,
sólo que a mí me dan deseos de aullar:
si no lo hago, es porque temo que me entienda mal.
Me limito a estarme muy callado,
y luego me doy un trago largo
–casi me ahogo en la botella.
Eso si no estoy empastillado,
si estoy empastillado
ahí mismo suelto el trapo de mis lágrimas,
y los poetas se dicen:
Ese tipo tiene problemas,
y alguno más audaz afirma:
¡Como están los locos sueltos,
la policía debería hacer algo!
Los entiendo:
a nadie le gusta ver a un hombre llorar.
Un hombre llorando es una bomba de tiempo
y más si llora por una mujer
que lee poemas en la glorieta del parque,
muy cerca de la estatua de un Martí
que levanta el dedo hacia la nada
y mira con ojos de piedra,
a los hijos de la república
que él pretendió fundar
leerse poemas unos a los otros
en la glorieta de un parque
sacudido por los tirabuzones de la lluvia.

Muchacha
que entre abedules,
gitanos y música de acordeón
nos enseñaste que la URSS
era algo más que una estatua de Lenin
y dos koljosianos dándose la mano
en un campo de trigo
mientras de alguna parte surge
un himno del proletariado.

Muchachita, tus películas
están ahora en veda:
supongo que ya no sean rentables
para el trabajo educativo
o que prefieran las americanas
—carros de mejor estilo,
rubias más auténticas y no tan tristes.

Supongo entonces,
Liudmila Gurchenko,
que ya no te volveré a ver
a no ser que vaya a Rusia,
cosa que dudo mucho.

La patria es una fábrica muy especial.
En sus tibias esteras
depositas un hijo, un padre,
un hermano, un amante, un amigo
y al cabo del tiempo te entregan
un candidato a nombre de escuela,
calle o parque.
Explico el proceso:
empieza cuando eres niño,
ya en esa época escuchas las canciones
que te hablan de lo lindo que es morir por la fábrica,
pero también canciones de amor,
de sexo y cuando se atreven mucho
o están de vena
esos cantantes llegan a cantar de lo malo
que está todo
pues el mundo no es como debiera ser.

Tú le vas cogiendo el gusto
hasta que la muerte se instala en los bolsillos de tu cuerpo
y ya está siempre junto a ti,
vas al baño y la llevas
pasas de grado y ella usa tu mochila roja.

¿Papa que es muerte?, es una de tus primeras preguntas.
Cuando besas a tu novia estas besándola también, un poco,
y sin embargo piensas que la muerte

es alguien sin la más mínima relación contigo.
Luego el mundo se vuelve serio
y tú te vas a la guerra soldadito mío
te vas como quien va a un hermoso sitio
lleno de fuegos artificiales
y allí la muerte al fin te abraza,
no como la novia que te espera
ni como tu mamá asomada al balcón de tus llegadas tarde
—*¿Y este niño donde está metido?*—
sino como un silencio,
un no saber qué hacer,
un quedarte esperando a alguien que te releve
de ese oficio tan arduo que es el morir
y te explique que la patria es vida y no muerte.

Claro, te gustaría escribir como lo hacen los grandes,
pero para eso debiste haber tenido experiencias muy distintas:
haber conocido el verdadero París
y no un bar de la calle Argüelles de Cienfuegos
que ni siquiera se llama París
sino la Lonja, y donde sirven un mejunje de porquería
que ni siquiera es ajenjo,
sino puro matarrata o chispa de tren, como lo llaman los sabios.
Hasta las mujeres que amaste están marcadas por no ser de
    París.
Así es muy difícil solazarse en el verso
como lo logran los grandes:
así sólo te queda adentrarte en tu pequeña verdad
como en una cueva donde entras sin linterna
y de donde no siempre sales ileso,
en un túnel al final del cual no está Notre Dame
sino la funeraria de Cienfuegos
y si la suerte te acompaña
saldrá en un periódico de circulación nacional:
Ayer murió el escritor.
¿Y quién es ese? preguntará más de uno.
Y tú, ya muerto, te deslizaras sobre la niebla
                de la *noche insular y sus jardines invisibles*
y pensarás en lo fatal de no haber nacido en París,
lugar donde como sauces se alzan los poetas
y los que se creen poetas, que es casi lo mismo.

Sobre lo ignoto

Muy adentro de ti hay algo
                que no se deja comprimir en palabras.
Sé que no es tu alma
              ni el corazón tan manido.
Es algo que está aún más adentro de ti,
donde no llega nada,
ni mis ojos
ni la voz con que digo tu nombre,
algo sagrado que no se deja tocar.

Moriría por saber qué es,
daría todo por llegar a eso tuyo
                que no me provees
y que no es el amor.
Es algo más.
Me crecerían alas si lo supiera.
Sería un Dios si lo supiera,
porque lo cierto es que al tocarte
                no llego a tocarte
y por eso la vida es tan triste:
porque nunca llegamos a adentrarnos
              en el ser del otro,
donde se pierde toda esperanza, allí.

Paralizados en el tiempo como la hierba que crece
pero que siempre es la misma,
sumergidos en nosotros mismos,
                              peces de nosotros mismos,
tan ciertos como catedrales que nunca existieron,
casi como si nos soñaran
y el soñador estuviera a punto de despertar
para decir:
basta ya, dispérsense en la niebla,
bruma en la bruma,
insulsos fantasmas que nunca tuvieron una alegría verdadera,
basta ya.

Uno se acaba,
nadie tiene la culpa
            pero se acaba,
se va destruyendo,
haciéndose añicos,
            acabándose
y nadie tiene la culpa,
            nadie,
                ni uno.

Epitafio

Cuando te dicen, ya estás listo para la muerte
te imaginas un ataúd de fina madera y cantos dorados,
muy diferente a la caja de pinotea y tela marrón
donde yacerás si tienes suerte.

Ella le dijo
Eres muy sensible
y eso se debe a tu condición de escritor,
ustedes son seres exclusivos.
Él no cesaba de rascarse su ojo derecho atenazado
                              por la alergia.
Ella procedió a quitarse la ropa,
y luego mirándolo a los ojos
tomó la mano derecha de él
y la colocó en uno de sus senos.
No llores más, dijo, todo esto es tuyo.
Ella era joven y hermosa,
así que él no supo qué decir;
se limitó a dejar su mano
en lugar tan conspicuo
y a suspirar con displicencia.

Arte poético

Es obvio que no tienes talento
pero eres alto y tu mirada es intensa:
si yo decidiera acostarme con alguien
                              tan negro
lo haría con uno como tú,
le dijo aquel profesor de filología
que pretendía ser amigo de las causas perdidas
tratando de encontrar el fondo de sus ojos.
Hacía calor, su novia había muerto
y él tenía deseos de golpear a alguien
así que golpeó al catedrático.
Te voy a acusar, dijo:
ahora sí no te gradúas, dijo.
Él se encogió de hombros y no dijo nada,
y esperó que el maestro se calmara un poco
para pedirle la devolución de sus poemas
y así evitar que el ejercicio de tanta crítica literaria
los manchara de sangre, cosa
que no estaría nada bien, pensó.

El mudo del cine Prado.
Parecía fabricado con la misma inocua materia
con que se hacen las estrellas de Hollywood.
Sólo después cuando un día envejeció
comprendimos que no lo habían sacado de una versión
criolla de *Érase una vez en el oeste*.
Nosotros también envejecimos,
todo lo demás declinó con nosotros
y él fue perdiendo aquella presencia de hombre de cine
que nos suscitaba tanta admiración
cuando sentado en la desaliñada butaca que era su trono
se daba el lujo de no mirar esas películas,
por las que nosotros, niños de catorce años,
                          hubiéramos vendido el alma
y en las cuales resplandecían Diana Ross, Monica Vitti,
Faye Dunaway y tantas otras.
Ahora arrastra su tristeza de patriarca derrotado
y ya nadie se acuerda de que una vez fue el
                          San Pedro de los cines de Cienfuegos
pero cuando muera
un Dios de celuloide lo estará esperando a las puertas de un
    cielo de 35 milímetros donde repiten y repiten
la misma película en la que todos acabamos felices,
incluyéndolo a él que ya no es mudo
sino que es un espectador más que pregunta con voz cantarina:
¿Quién es el último?

Para afrontar la vida
sólo tienes ese par de perfectas, nalgas rotundas,
le dije yo, y ni siquiera es bastante,
no estamos en Nueva York
y aquí gusta la abundancia.
Ella me dijo,
al menos yo tengo eso
¿Y tú que tienes,
tu vocación para buscarte problemas?
Tengo mi capacidad de eructar, le dije
y eructé tan fuerte
que ella quedó pasmada
y una vieja,
ya que no estamos en Nueva York,
me dijo cerdo
y abandonó el banco del Prado
donde sentados navegábamos
                              hacia la nada.

Te regalo

El dolor en el vientre de mi madre,
Mi nacimiento,
La luz prístina que vi por primera vez
                    Una mañana del 28 de diciembre
Haz con ellas lo que desees
Sólo déjame si puedes
Un pedacito en mi propia muerte,
Una minúscula partícula en el no ser,
Eso y nada más.

Aquella tarde en que fui
el hombre más feliz del mundo
Sólo me faltaba un millón de dólares para ser millonario
porque al fin te decidiste y me enseñaste las tetas
y justo con un millón de dólares yo hubiera sido millonario,
no me hacía falta más,
no quería mas,
hubiera sido demasiado un millón y un dólar
e incluso un millón one cent hubiera sido excesivo.
Yo sólo quería un millón de dólares
para nada:
no para ponerlo a tus pies
y rogarte que te casaras conmigo,
eso estaba de más,
ni tampoco para ver como el viento se llevaba
volando uno a uno los billetes de a cien
ni para obras de caridad,
–salvar la última ballena
o detener el calentamiento global,
tampoco para eso
ni para gastarlo en putas:
si ya me habías enseñado las tetas
las putas no me hacían falta
y es aquí donde pierdo el tino,
donde me desdigo,
necesitaba el dinero para nada.

A pesar de no gustar de sacarosas, mieles y otras formas del
    desamor
mis dientes se pudrieron uno a uno
y tengo la boca semejante a un aula de primaria
en día de fiesta nacional,
a pesar de nunca haberme llevado un cigarrillo a la boca
padezco de enfisema pulmonar y dos de las dos mujeres que
    tuve
me abandonaron por mi tendencia a roncar como un fuelle.
Por otro lado,
a pesar de que bebo hasta matarme
mi hígado podria participar en una competencia de hígados
    sanos
y cuando muera lo voy a donar, lo juro,
lo entregaré como un bien preciado de la patria.

Perdí varios dientes y muelas
en la guerra que sostuve contra mí mismo
y al cabo del tiempo hubo un triunfador que no fui yo
tampoco el tiempo como es lícito imaginar,
fue la nada,
la nada se quedó con todo
y lo que no pudo llevarse
también se lo llevó,
lo apelotonó en un fardo muy grande
y entonces no la vimos más,
la nada volvió a la nada.

Paso las horas leyendo a Borges,
Si dejara de leerlo
                 el mundo se iría de lado
como un piano al que le falta una pata
o el Titanic antes de irse a pique.
Es mi conjuro contra la nada:
si alguien me dice que Borges nunca existió
tal vez lo crea,
me levante muy de mañana
                 para leer a Borges
y luego me pegue un tiro leyendo a Borges.
¿De dónde sacaré arcabuz o pistola,
yo que no soy Hemingway?
No lo sé,
eso se lo dejo a Borges.
A mí me basta con leer al argentino
e imaginarlo ciego y viejito
en algún lugar de Buenos Aires
                 sumergido en su Alep
                     leyéndose a sí mismo.

Y una lucecita muy al fondo hasta donde no llega la mirada de eso también somos dueños, de esa luz que apenas vemos pero que sin dudas está ahí diciéndonos que no sólo somos cuerpo y alma que sin dudas algo más nos define, Ana, y cuando jugabas con esos seres locos que trepaban por tus brazos y te decían: Ana ven. Marías ensueño, que eran meras luces extraviadas del río que llegaban hasta a ti para que las bautizaras, creías que jugabas pero no era así, creabas universos de un poco de agua y un poco de nada como este universito nuestro. Yo también me inventaba mundos, allá en la Habana vieja, cuando mi madre me señalaba gorriones para que yo los viera volar, yo no sabía que vivía en la casa donde murió el poeta, pero actuaba como si cada una de las briznas de polvo, de las piezas de ropas colgadas en las tendederas me avisara: aquí murió Julián del Casal, tienen derechos los que aquí habitan a portarse como quieran. Tú no habías nacido. Los átomos que hoy forman tu boca se aglutinaban en otros seres y cosas, lo más raro del mundo, tus átomos aún formaban parte de estrellas, de la cola de un antílope, de un poco de granizo en los Andes y no podían saber tus átomos que un día hundiría en ellos mi lengua de hombre descarriado, triste, sombrío, pero ahora alegre de haberme mirado en los ojos de aquella muchachita que jugaba aún con personajes llamados María del Techo, María del Río cuando ya yo era un adolescente de barba y trenzas que escribía tonterías en las paredes de Cienfuegos y hasta aquí linda, se rayó el disco, en fin, el mundo es bello y en colores porque tú existes.

Abrirán la puerta y te dirán que salgas.
Dueño serás por última vez
de los gestos que eran tan tuyos.
Afuera estará cayendo la pesarosa tarde del trópico,
oirás ladrar a los perros,
perros que no puedes ver porque
están a tus espaldas,
perros que no verás nunca.
Tendrás la incierta sensación
de que el instante es histórico
y quisieras estar a la altura
pero no sabes si puedes.
Será rápido, piensas.
No eres nadie.
Dejarás de habitar ese cuerpo,
dejarás de navegar en ti mismo,
pero eso le sucede a muchos
–a todos para ser exacto–.
Se oirán las voces de mando
y aquella cohorte de infelices,
tan inapropiados,
tan poco marciales
detendrán la mira de sus fusiles
en ese pecho que tu madre
protegió tanto cuando eras un niño,
y luego harán fuego.

Esperando que nieve en Itabo, Matanzas,
Considerando que las esporas del Ártico
Tendrán la cualidad de hacernos olvidar
Tanto tiempo ido
Tanto sufrimiento.
Esperando que nieve en Itabo, Matanzas,
Guardando los cohetes para entonces soltarlos
Y decir: Gracias Dios mío,
Por salvarnos del calor y sus miserias.
Esperando que nieve donde el polvo es dueño,
Donde el verano nos ancla en la tarde de víspera,
Donde sólo se oye el vuelo de un moscardón
Y el apagado susurro de la noche
Cantándole a la nada.

Cuando nieve en Itabo, Matanzas
Saldrá en las noticias:
Ayer nevó en Itabo Matanzas,
Cuba puede ser perdonada,
Perdonada por sus hijos
Los que nevaron con ella.
Yo estaré aquí esperando que nieve,
Estaremos todos,
Los que se fueron y los que se quedaron,
Los buenos por una parte y malos por la otra,
Los sedentarios,
Los invisibles,
Los justos e injustos,
Todos listos esperando que la nieve los libere
De tanta tarde inconexa,
Tanto daño.

Aplaude el presidente de la patria con cara en la que es imposible ocultar un mohín de autosatisfacción.

Aplaude la primera dama con manos enjoyadas, expresión alerta, yo diría que zorruna.

Aplauden las clases altas de la nación, un retumbo seco y bronco escapa de sus gruesas manos

Aplauden los intelectuales con un aplauso suave discreto como para negar en cualquier momento haber aplaudido.

Aplauden los entrenadores de fútbol,

de béisbol,

los maestros y profesores de equitación y boxeo,

los cantineros,

almaceneros y bodegueros sin importar si trabajan para el turismo o no.

Aplauden las putas,

los proxenetas,

los que fuman marihuana,

los que esnifan cocaína.

Aplaude el verdugo: el eco de sus palmas chocando una contra la otra llena la plaza.

Los gorriones desde los árboles parecen aplaudir también y el ladrido de los perros semeja un aplauso si se juzga con cierta ironía

pero lo más raro del mundo: el condenado a muerte también aplaude segundos antes de que su cabeza vuele a la cesta con un leve apenas perceptible ruidito.